Inhalt

Steuerliches Reisekostenrecht - Eckpunkte der geplanten Reform

[Kernthesen](#)

[Beitrag](#)

[Fallbeispiele](#)

[Weiterführende Literatur](#)

[Impressum](#)

Steuerliches Reisekostenrecht - Eckpunkte der geplanten Reform

Annett Kaindl

Kernthesen

- Es ist eine Vereinfachung der Besteuerung von Reisekosten geplant.
- Arbeitnehmer, Arbeitgeber und Verwaltungen sollen entlastet werden.
- Zukünftig wird beispielsweise auf einen Teil der Mindestabwesenheitszeiten verzichtet.
- Bei den Pauschalen für Verpflegungsmehraufwendungen soll es statt der bisher drei Stufen eine zweistufige Staffelung geben.

Beitrag

Bundeskabinett beschließt Gesetzesentwurf

Mit dem Entwurf eines Gesetzes zur Änderung und Vereinfachung des steuerlichen Reisekostenrechts plant der Gesetzgeber, das steuerliche Reisekostenrecht gravierend zu verändern. Nachfolgend wird der vom Bundeskabinett im September 2012 beschlossene Gesetzesentwurf in den wesentlichsten Punkten vorgestellt. (1)

Begriff "Regelmäßige Arbeitsstätte" wird ersetzt durch "Erste Tätigkeitsstätte"

Der für das Reisekostenrecht zentrale Begriff der "regelmäßigen Arbeitsstätte" soll durch den Begriff "erste Tätigkeitsstätte" ersetzt werden. Erste Tätigkeitsstätte ist die ortsfeste betriebliche Einrichtung des Arbeitgebers, eines verbundenen Unternehmens oder eines vom Arbeitgeber bestimmten Dritten, dem der Arbeitnehmer **dauerhaft** zugeordnet ist. Neu ist, dass die

Zuordnung durch dienst- oder arbeitsrechtliche Festlegungen bestimmt wird. (2)

Der Gesetzesvorschlag bestimmt, dass auch bei einem verbundenen Unternehmen oder bei einem vom Arbeitgeber bestimmten Dritten (zum Beispiel bei Kunden, auf einer Baustelle oder in Fällen des Outsourcing) eine erste Tätigkeitsstätte begründet werden kann. Dies stellt eine Gesetzesverschärfung dar. Ein häusliches Arbeitszimmer kann keine Einrichtung des Arbeitgebers sein und damit nie eine erste Tätigkeitsstätte begründen. Dies gilt selbst dann, wenn das häusliche Arbeitszimmer vom Arbeitgeber angemietet wird. (1), (2), (3)

Eine dauerhafte Zuordnung liegt vor, wenn der Arbeitnehmer unbefristet, für die Dauer des Dienstverhältnisses oder über einen Zeitraum von 48 Monaten hinaus an einer solchen Tätigkeitsstätte tätig werden **soll**.

Die Bestimmung der ersten Tätigkeitsstätte erfolgt vorrangig anhand der arbeits- oder dienstrechtlichen Festlegungen. Fehlen derartige Festlegungen oder sind sie nicht eindeutig, wird als erste Tätigkeitsstätte die betriebliche Einrichtung bestimmt, an der der Arbeitnehmer typischerweise arbeitstäglich tätig wird oder je Arbeitswoche einen vollen Arbeitstag oder mindestens 20 Prozent seiner vereinbarten regelmäßigen Arbeitszeit zum Einsatz kommen soll. Dies stellt eine Verschärfung im

Vergleich zur bisherigen Rechtsauslegung dar. (1), (2)

Der Arbeitnehmer kann nur eine erste Tätigkeitsstätte unterhalten. Liegen mehrere Tätigkeitsstätten vor, ist diejenige Tätigkeitsstätte erste Tätigkeitsstätte, die der Arbeitgeber bestimmt. Der Gesetzgeber stellt die Bestimmung der ersten Tätigkeitsstätte in das Organisationsrecht des Arbeitgebers. Fehlt es an dieser Bestimmung oder ist sie nicht eindeutig definiert, ist die der Wohnung örtlich am nächsten liegende Tätigkeitsstätte die erste Tätigkeitsstätte.

Für die Fahrt bis zur ersten Tätigkeitsstätte gilt der beschränkte Werbungskostenabzug (die bisherige Entfernungspauschale). Fahrten zu allen anderen Tätigkeitsstätten sind danach als Auswärtstätigkeit zu qualifizieren. In diesem Zusammenhang entstandene Aufwendungen können in ihrer tatsächlichen Höhe als Werbungskosten abgezogen beziehungsweise steuerfrei vom Arbeitgeber ersetzt werden. (1)

Reduzierung der Staffelung bei den Verpflegungspauschalen

Für die bei Auswärtstätigkeiten absetzbaren und durch den Arbeitgeber steuerfrei erstattungsfähigen Pauschalen für Verpflegungsmehraufwendungen finden sich folgende Regelungen im Gesetzesentwurf: Die Verpflegungspauschale beträgt bei einer eintägigen Reise ohne Übernachtung 12 EUR. Der Mitarbeiter muss mehr als 8 Stunden von seiner Wohnung und der ersten Tätigkeitsstätte abwesend sein. Die bisherige Staffelung der Tagegeldsätze (mindestens 8 Stunden = 6 EUR beziehungsweise mindestens 14 Stunden = 12 EUR) wird zu Gunsten eines einheitlichen Satzes aufgegeben. Bei mehrtägigen Auswärtstätigkeiten mit Übernachtung ist für den An- und Abreisetag ohne Prüfung einer Mindestabwesenheit jeweils eine Verpflegungspauschale von 12 EUR vorgesehen. An den sogenannten Zwischentagen, an denen der Arbeitnehmer 24 Stunden von seiner Wohnung abwesend ist, wird eine Verpflegungspauschale von 24 EUR gewährt. Für Auslandsreisen gelten weiterhin die länderweise unterschiedlichen Pauschbeträge. [1], [2]

Der Abzug der Verpflegungspauschalen ist weiterhin auf die ersten drei Monate einer längerfristigen beruflichen Tätigkeit an derselben Tätigkeitsstätte beschränkt. Neu sind gesetzliche Regelungen zur Beantwortung der Frage, wie mit Unterbrechungszeiten umzugehen ist. Die Neuregelung sieht vor, dass eine Unterbrechung der beruflichen Tätigkeit an derselben Tätigkeitsstätte immer zu einem Neubeginn führt, wenn sie mindestens vier Wochen dauert. Bislang wurde bei den Unterbrechungszeiten zwischen beruflich und privat veranlassten Unterbrechungszeiten unterschieden. Zukünftig findet keine Differenzierung mehr zwischen den Gründen für die Unterbrechung statt. Dies ist ein Beitrag zur Steuervereinfachung.

Wird dem Arbeitnehmer während einer Tätigkeit außerhalb seiner ersten Tätigkeitsstätte vom Arbeitgeber oder auf dessen Veranlassung hin von einem Dritten eine Mahlzeit zur Verfügung gestellt, sind die oben genannten Verpflegungspauschalen wie folgt zu kürzen: für das Frühstück um 20 Prozent, für das Mittag- und Abendessen um jeweils 40 Prozent der maßgeblichen Tagegeldpauschale. Die Kürzung darf die Verpflegungspauschale nicht übersteigen. Der Arbeitnehmer kann einen Werbungskostenabzug (Verpflegungspauschale) nur noch für die von ihm bezahlten Mahlzeiten geltend machen. (1)

Regelungen für die Gestellung von lohnsteuerpflichtigen Mahlzeiten während einer Auswärtstätigkeit

Nach neuem Recht sollen lohnsteuerpflichtige Mahlzeitengestellungen während einer

Auswärtstätigkeit mit dem amtlichen Sachbezugswert erfasst werden. Dies gilt für Mahlzeiten bis zu einem Mahlzeitenwert von 60 EUR. Im geltenden Recht besteht ein Wahlrecht, die Mahlzeiten entweder mit dem tatsächlichen Wert oder mit dem Sachbezugswert zu erfassen.

Die Neuregelung betrifft nur die lohnsteuerpflichtigen Mahlzeitengestellungen. Mahlzeitengestellungen, die im ganz überwiegend eigenbetrieblichen Interesse vom Arbeitgeber oder auf dessen Veranlassung von einem Dritten gestellt werden, bleiben weiterhin außer Ansatz.

Wird die Mahlzeit mit dem amtlichen Sachbezugswert bewertet, ist der Sachbezugswert künftig vom Arbeitgeber in der Regel individuell zu besteuern; der Arbeitnehmer kann einen Werbungskostenabzug in Höhe der maßgeblichen Verpflegungspauschale vornehmen.

Eine neue Pauschalierungsregelung kann eine individuelle Besteuerung der steuerpflichtigen Mahlzeiten beim Mitarbeiter verhindern: Die mit dem amtlichen Sachbezugswert bewerteten steuerpflichtigen Mahlzeiten sollen im künftigen Recht vom Arbeitgeber vereinfacht mit 25 Prozent pauschal besteuert werden können, wenn dem Arbeitnehmer für die auswärtige Tätigkeit keine Verpflegungspauschale zusteht. (1)

Übernachtungskosten

Nur tatsächliche Übernachtungsaufwendungen sind als Werbungskosten abzugsfähig. Ein Ansatz von Übernachtungspauschalen scheidet aus. Beruflich veranlasste Unterkunftskosten im Rahmen einer Auswärtstätigkeit an derselben auswärtigen Tätigkeitsstätte sind nur für einen Zeitraum von 48 Monaten unbeschränkt als Werbungskosten abzugsfähig. Danach werden sie nur noch bis zur Höhe der vergleichbaren Aufwendungen im Rahmen einer doppelten Haushaltsführung als Werbungskosten berücksichtigt. Diese Kostenabzugseinschränkung wirkt sich auch auf die steuerfreie Arbeitgebererstattung von Übernachtungskosten aus. Werden nach Ablauf von 48 Monaten Mietkosten von mehr als 1 000 EUR im Monat übernommen, liegt steuerpflichtiger Arbeitslohn vor. Dieser kann unter Umständen pauschal versteuert werden. (1)

Doppelte Haushaltsführung

Es sind wesentliche Änderungen im Vergleich zur bisherigen Rechtsauslegung vorgesehen.

Steuerlich absetzbar sind notwendige Mehraufwendungen, die einem Arbeitnehmer wegen einer beruflich veranlassten doppelten Haushaltsführung entstehen. Von einer Zweitunterkunft oder -wohnung am Ort der ersten Tätigkeitsstätte wird ausgegangen, wenn der Weg von der Zweitunterkunft oder -wohnung zur ersten Tätigkeitsstätte weniger als die Hälfte der Entfernung der kürzesten Straßenverbindung zwischen der Hauptwohnung (Mittelpunkt der Lebensinteressen) und der neuen ersten Tätigkeitsstätte beträgt.

Aufwendungen für die Wege zwischen dem Ort der ersten Tätigkeitsstätte zum Ort des eigenen Hausstandes (Familienheimfahrten) sind unverändert für eine Heimfahrt wöchentlich mit dem Ansatz der Entfernungspauschale abziehbar. Für die Fahrten von der Zweitwohnung zum ersten Tätigkeitsort gelten ebenfalls die Regelungen der Entfernungspauschale. (1)

Bislang waren angemessene Unterkunftskosten im Rahmen der doppelten Haushaltsführung steuerlich abzugsfähig. Als angemessen galten die Aufwendungen, die für eine nach Lage und Ausstattung am Tätigkeitsort durchschnittliche Wohnung von 60 Quadratmeter zu zahlen waren (Durchschnittsmietzins). Zukünftig wird auf die tatsächlichen Unterkunftskosten abgestellt. Unterkunftskosten für eine doppelte Haushaltsführung können bis zu 1 000 EUR monatlich angesetzt werden. Die bisherige

Angemessenheitsprüfung nach der 60 Quadratmeter Durchschnittsmiete entfällt. (3)

Steuerfreie Arbeitgebererstattung

Private Arbeitgeber können Reisekosten oder Mehraufwendungen bei doppelter Haushaltsführung steuerfrei erstatten, soweit sie die im Gesetzentwurf als Werbungskosten abziehbaren Aufwendungen nicht übersteigen. Der Arbeitgeber muss fiktiv die Werbungskostenabzugshöhe für den Mitarbeiter berechnen; bei den Verpflegungskosten sind die neuen Kürzungsregelungen zu berücksichtigen. (1)

Lohnsteuerpauschalierung von Tagesgeldern

Vergütungen für Verpflegungsmehraufwendungen anlässlich einer Auswärtstätigkeit sind weiterhin mit 25 Prozent pauschal zu besteuern, soweit diese die dort bezeichneten Pauschalen um nicht mehr als 100 Prozent übersteigen. (1)

Trends

Derzeit ist davon auszugehen, dass das neue steuerliche Reisekostenrecht am 01.01.2014 in Kraft tritt. (2)

Fallbeispiele

Ein Arbeitnehmer ist auf einer dreitägigen Auswärtstätigkeit. Der Arbeitgeber hat für den Arbeitnehmer in einem Hotel zwei Übernachtungen jeweils mit Frühstück sowie je ein Mittag- und ein Abendessen gebucht und bezahlt. Der Arbeitgeber erstattet dem Arbeitnehmer keine weiteren Reisekosten. Für die Mahlzeiten muss der Arbeitgeber keinen geldwerten Vorteil versteuern. Der Arbeitnehmer kann für die Auswärtstätigkeit folgende Verpflegungspauschalen als Werbungskosten geltend machen: (1), (3)

Anreisetag	12,00 EUR
Zwischentag	24,00 EUR
Abreisetag	12,00 EUR
Summe	48,00 EUR
Kürzung (2 x 4,80 EUR Frühstück, 2 x 9,60 EUR Mittag-/Abendessen)	28,80 EUR
Verbleibende Werbungskosten	19,20 EUR

Weiterführende Literatur

(1) Ausblick auf die Reform des steuerlichen Reisekostenrechts
aus Deutsche Steuer-Zeitung vom 15.10.2012, Heft 20/2012 Seite 720 - 728

(2) Geplante Steuerrechtsänderungen ab Ende 2012 Auswirkungen auf GmbHs durch das Jahressteuergesetz 2013 – Reform des Gemeinnützigkeitsrechts – Vereinfachung der Unternehmensbesteuerung – Änderung des Reisekostenrechts
aus GmbH-Steuerpraxis, Heft 11/2012, S. 322-326

(3) Änderungen im Steuerrecht
aus WebContent Recht vom 24.10.2012

Impressum

Steuerliches Reisekostenrecht - Eckpunkte der geplanten Reform

Bibliografische Information der deutschen Nationalbibliothek

Die Deutsche Nationalbibliothek verzeichnet diese Publikation in der deutschen Nationalbibliografie; detaillierte bibliografische Daten sind im Internet über http://dnb.d-nb.de abrufbar.

ISBN: 978-3-7379-1418-5

© 2015 GBI-Genios Deutsche Wirtschaftsdatenbank GmbH, Freischützstraße 96, 81927 München, www.genios.de

Alle Rechte vorbehalten. Dieses Werk ist einschließlich aller seiner Teile – z.B. Texte, Tabellen und Grafiken - urheberrechtlich geschützt. Jede Verwertung außerhalb der Grenzen des Urheberrechtsgesetzes bedarf der vorherigen Zustimmung des Verlags. Dies gilt insbesondere auch für auszugsweise Nachdrucke, fotomechanische Vervielfältigungen (Fotokopie/Mikroskopie), Übersetzungen, Auswertungen durch Datenbanken oder ähnliche Einrichtungen und die Einspeicherung und Verarbeitung in elektronischen Systemen.